标准化操作项目教程

汽车驾驶员

胜利石油管理局劳动工资处
胜利油田分公司人力资源处

中国石油大学出版社

图书在版编目(CIP)数据

汽车驾驶员/胜利石油管理局劳动工资处,胜利油田分公司人力资源处编.—东营:中国石油大学出版社,2006.12
  标准化操作项目教程
  ISBN 7-5636-2348-5

  Ⅰ.汽… Ⅱ.①胜…②胜… Ⅲ.汽车-驾驶员-技术培训-教材 Ⅳ.U471.3

  中国版本图书馆CIP数据核字(2006)第140179号

丛 书 名：	标准化操作项目教程
书　　名：	汽车驾驶员
作　　者：	胜利石油管理局劳动工资处
	胜利油田分公司人力资源处

责任编辑：何　　峰（电话　0546—8395779）
封面设计：人和视觉（电话　0546—8539246）

出 版 者：	中国石油大学出版社(山东 东营　邮编257061)
网　　址：	http://www.uppbook.com.cn
电子信箱：	hf8879@126.com
排 版 者：	中国石油大学出版社排版中心
印 刷 者：	东营市新华印刷厂
发 行 者：	中国石油大学出版社(电话 0546—8392565,8399580)
开　　本：	185×260　印张:3　字数:76千字
版　　次：	2006年12月第1版第1次印刷
定　　价：	9.00元

《汽车驾驶员》编辑委员会

编委会主任：郭长玉

编委会副主任：石　峰　刘吉奎　王政忠　周建林
　　　　　　　王来忠

编委会成员：王吉坡　高明才　孙兆东　许建钢
　　　　　　李纪海　彭振风　杜　磊

总　策　划：石　峰
策　　　划：王政忠　王吉坡　许建钢
总　监　制：王政忠　刘吉奎
监　　　制：王吉坡　孙兆东
编　　　导：王少民　张永春
技 术 顾 问：娄晓冬　孙兆东　邵　文　袁进东
　　　　　　于庆吉　顾正辉
安 全 指 导：杨守社　董庆海
演 示 操 作：袁文彬　孙建华
撰　　　稿：王少民　郑泽礼　朱　娜　邢利民
　　　　　　于庆吉　顾正辉　张文智　袁文彬
　　　　　　孙建华
审　　　核：商桂秋　王民先　王奎一　刘公农
　　　　　　周振杰　郭应杰　许建钢　孙兆东
　　　　　　董庆海　张永春　李淑兰　邵　文
　　　　　　袁进东　蔡志辉　陈永刚　齐小华
摄　　　像：王　威
动 画 制 作：王　威
编　　　辑：王　威
解　　　说：孟　胶

前 言

为强化职业技能培训工作,进一步提高油田技能操作人员的技能水平和工作效率,促进安全生产,胜利石油管理局劳动工资处、胜利油田分公司人力资源处组织编写了《标准化操作项目教程——汽车驾驶员》。本教程依据《国家职业(工人技术等级)标准》,以《汽车驾驶员》(中国石油大学出版社2005年6月出版)为蓝本,按照交通法律法规的要求,结合油田生产、培训和技能鉴定工作实际,系统介绍了汽车驾驶员30个项目的操作规范和技术要领,包含了汽车驾驶员初级、中级、高级、技师四个等级技能鉴定和考评的主要内容,可供广大汽车驾驶员培训学习使用。

本教程以东风雪铁龙爱丽舍车型、一汽大众捷达车型为场地驾驶示范用车,以解放1091车型为故障排除示范用车。需要特别说明的是,对可能引发同一故障的诸多原因,本教程仅选取了具有代表性的故障原因。

本教程在编写过程中得到了胜利石油管理局工程运输公司及有关方面的大力支持和帮助,在此一并表示感谢!

在本教程编写过程中,我们力求实用、规范、完整,但由于编者水平和客观条件所限,不妥之处在所难免,恳请专家和读者批评指正。

编 者

2006年9月

目 录

第一部分 初级汽车驾驶员操作项目

1. 直线定位倒车 …………………………………………………………… (1)
2. 上坡起步 ………………………………………………………………… (2)
3. 上坡减挡 ………………………………………………………………… (3)
4. 怠速调整 ………………………………………………………………… (4)
5. 化油器浮子室油平面的检查与调整 …………………………………… (5)

第二部分 中级汽车驾驶员操作项目

1. 直角倒库驾驶 …………………………………………………………… (7)
2. 侧向移库驾驶 …………………………………………………………… (8)
3. 限时公路调头 …………………………………………………………… (10)
4. 分电器触点间隙的检查与调整 ………………………………………… (11)
5. 低压电路断路故障的诊断与排除 ……………………………………… (13)
6. 低压电路短路故障的诊断与排除 ……………………………………… (14)
7. 发动机无法启动高压电路故障的诊断与排除 ………………………… (15)
8. 发动机点火时间过早故障的诊断与排除 ……………………………… (16)
9. 发动机点火时间过迟故障的诊断与排除 ……………………………… (17)
10. 发动机点火顺序错乱故障的诊断与排除 ……………………………… (19)
11. 发动机个别汽缸不工作故障的诊断与排除 …………………………… (19)

第三部分 高级汽车驾驶员操作项目

1. 直角调头 ………………………………………………………………… (21)
2. 车辆出库并进行公路调头 ……………………………………………… (22)
3. 侧向移库、曲线驾驶、定点停车 ……………………………………… (24)
4. 转弯、上桥、定点停车 ………………………………………………… (25)
5. 汽油发动机不来油故障的诊断与排除 ………………………………… (26)
6. 发动机混合气过稀导致怠速不良故障的诊断与排除 ………………… (28)
7. 汽车发动机气门异响的判断 …………………………………………… (29)

第四部分 汽车驾驶技师操作项目

1. "蝶形"倒车移库驾驶 …………………………………………………（30）
2. 侧向移库、桥式倒车 ……………………………………………………（31）
3. 离合器发抖故障分析及调整 ……………………………………………（33）
4. 传动轴发抖故障分析 ……………………………………………………（34）
5. 前轮跑偏故障分析 ………………………………………………………（35）
6. 启动系控制电路造成启动机不运转故障的判断与排除 ………………（36）
7. 充电系控制电路造成不充电故障的判断与排除 ………………………（38）

第一部分　初级汽车驾驶员操作项目

1. 直线定位倒车

序号	字　幕	解　说　词
1	初级汽车驾驶员操作项目： 直线定位倒车	初级汽车驾驶员操作项目： 直线定位倒车
2	1. 操作要求： ① 离合器不允许使用半联动。 ② 车辆起步、行驶、停车平稳。 ③ 中途不得使用制动。 ④ 倒车过程中，车身不准超越两侧的边界线，按要求将车辆停在停车线内。 ⑤ 行驶过程中不允许熄火。 ⑥ 安全文明驾驶。 ⑦ 如违章，将终止操作	1. 操作要求： ① 离合器不允许使用半联动。 ② 车辆起步、行驶、停车平稳。 ③ 中途不得使用制动。 ④ 倒车过程中，车身不准超越两侧的边界线，按要求将车辆停在停车线内。 ⑤ 行驶过程中不允许熄火。 ⑥ 安全文明驾驶。 ⑦ 如违章，将终止操作
3	2. 驾驶路线	2. 驾驶路线： 如图所示
4	3. 操作时限：1.5 min	3. 操作时限：1.5 min
5	4. 操作过程	4. 操作过程
6	(1) 启动发动机	(1) 启动发动机： ① 驾驶员准备好上车。 ② 按操作规程一次平稳启动发动机。 ③ 稳定急速，监听发动机工作状况，查看仪表，符合起步要求
7	(2) 起步	(2) 起步： ① 检查车辆周围是否有行人及障碍物，校正后视镜。 ② 鸣号、平稳起步倒车，开始计时
8	(3) 驾驶操作	(3) 驾驶操作： ① 平稳倒车。 ② 车辆行至后窗右侧 1/2 处与右标杆重合时停车，距离停车线不得大于 0.3 m。 ③ 驶回起步位置

续表

序号	字　　幕	解　说　词
9	（4）操作结束	（4）操作结束： 关闭点火开关，拉紧手制动，驾驶操作结束

2. 上坡起步

序号	字　　幕	解　说　词
1	初级汽车驾驶员操作项目： 上坡起步	初级汽车驾驶员操作项目： 上坡起步
2	1. 操作要求： ① 车辆上坡停车和起步要平稳。 ② 起步时不得前冲，不得熄火，不得溜车。 ③ 安全文明驾驶。 ④ 如违章，将终止操作	1. 操作要求： ① 车辆上坡停车和起步要平稳。 ② 起步时不得前冲，不得熄火，不得溜车。 ③ 安全文明驾驶。 ④ 如违章，将终止操作
3	2. 驾驶路线	2. 驾驶路线： 如图所示
4	3. 操作时限：2 min	3. 操作时限：2 min
5	4. 操作过程	4. 操作过程
6	（1）启动发动机	（1）启动发动机： ① 驾驶员准备好上车。 ② 按操作规程一次平稳启动发动机。 ③ 稳定怠速，监听发动机工作状况，查看仪表，符合起步要求
7	（2）起步	（2）起步： ① 检查车辆周围是否有行人及障碍物，校正后视镜。 ② 鸣号、开左转向灯示意，平稳起步，开始计时
8	（3）驾驶操作	（3）驾驶操作： ① 平稳停车于坡道上规定的位置，使前保险杠与地面标线垂直重合，拉紧手制动。 ② 适当加油、抬起离合器踏板、随着发动机负荷的变化，松开手制动，实现平稳起步上坡。 ③ 车辆通过坡道驶回起步位置

续表

序号	字　幕	解　说　词
9	（4）操作结束	（4）操作结束： 关闭点火开关,拉紧手制动,驾驶操作结束
10	5．注意要点	5．注意要点： ① 起步时不得前冲。 ② 不得熄火。 ③ 起步时不得溜车

3．上坡减挡

序号	字　幕	解　说　词
1	初级汽车驾驶员操作项目： 上坡减挡	初级汽车驾驶员操作项目： 上坡减挡
2	1．操作要求： ① 驾驶车辆减挡时不得偏离行驶方向。 ② 减挡时齿轮啮合平稳,无响声。 ③ 减挡一次到位,不得停车和后溜。 ④ 安全文明驾驶。 ⑤ 如违章,将终止操作	1．操作要求： ① 驾驶车辆减挡时不得偏离行驶方向。 ② 减挡时齿轮啮合平稳,无响声。 ③ 减挡一次到位,不得停车和后溜。 ④ 安全文明驾驶。 ⑤ 如违章,将终止操作
3	2．驾驶路线	2．驾驶路线： 如图所示
4	3．操作时限:1 min	3．操作时限:1 min
5	4．操作过程	4．操作过程
6	（1）启动发动机	（1）启动发动机： ① 驾驶员准备好上车。 ② 按操作规程一次平稳启动发动机。 ③ 稳定怠速,监听发动机工作状况,查看仪表,符合起步要求
7	（2）起步	（2）起步： ① 检查车辆周围是否有行人及障碍物,校正后视镜。 ② 鸣号、开左转向灯示意,平稳起步,开始计时

续表

序号	字　幕	解　说　词
8	（3）驾驶操作	（3）驾驶操作： ① 车辆起步后增挡加速。 ② 在坡道上车速达到20～25 km/h时，由高挡减至低挡。 ③ 通过坡道后车辆驶回起步位置
9	（4）操作结束	（4）操作结束： 关闭点火开关，拉紧手制动，驾驶操作结束
10	5．注意要点	5．注意要点： ① 加速要迅速。 ② 减挡一定要在达到20～25 km/h时，由高挡减至低挡。 ③ 通过坡道后驶回起步位置。 ④ 操作过程中大型车辆采用二挡起步、三挡上坡。 ⑤ 小型车辆采用一挡起步、二挡上坡

4．怠速调整

序号	字　幕	解　说　词
1	初级汽车驾驶员操作项目： 怠速调整	初级汽车驾驶员操作项目： 怠速调整
2	1．操作要求： ① 穿戴好劳保用品。 ② 调整怠速的条件要明确。 ③ 怠速调整后符合技术标准。 ④ 安全文明操作。 ⑤ 如违章，将终止操作	1．操作要求： ① 穿戴好劳保用品。 ② 调整怠速的条件要明确。 ③ 怠速调整后符合技术标准。 ④ 安全文明操作。 ⑤ 如违章，将终止操作
3	2．操作时限：5 min	2．操作时限：5 min
4	3．操作过程	3．操作过程
5	（1）启动发动机	（1）启动发动机： ① 驾驶员准备好上车，开始计时。 ② 启动发动机。 ③ 观察仪表，水温值应符合要求。 ④ 发动机保持怠速运转状态

续表

序号	字 幕	解 说 词
6	(2) 调整顺序	(2) 调整顺序： ① 选取工具和转速表。 ② 用专用万用表测量发动机转速。 ③ 将红线夹接分电器低压线,黑线夹搭铁,将万用表调整到转速挡位置,打开电源。 ④ 观察转速数值,进行调整。 ⑤ 旋进节气门调整螺钉,适当提高发动机转速。 ⑥ 将急速调整螺钉旋紧再退回 1.5～3.5 圈。 ⑦ 通过两个调整螺钉的配合调整,使发动机转速稳定在 500 r/min±50 r/min
7	技术要求： ① 调整后急加速时,发动机无迟滞现象。 ② 节气门突然关闭时,发动机能以最低稳定转速运转。 ③ 调整后发动机最低稳定转速值应为 500 r/min±50 r/min	技术要求： ① 调整后急加速时,发动机无迟滞现象。 ② 节气门突然关闭时,发动机能以最低稳定转速运转。 ③ 调整后发动机最低稳定转速值应为 500 r/min±50 r/min
8	(3) 调整结束	(3) 调整结束
9	4. 调整要点： ① 用专用万用表准确测量发动机转速。 ② 通过急速调整螺钉和节气门调整螺钉的配合调整,完成急速的调整	4. 调整要点： ① 用专用万用表准确测量发动机转速。 ② 通过急速调整螺钉和节气门调整螺钉的配合调整,完成急速的调整

5. 化油器浮子室油平面的检查与调整

序号	字 幕	解 说 词
1	初级汽车驾驶员操作项目： 化油器浮子室油平面的检查与调整	初级汽车驾驶员操作项目： 化油器浮子室油平面的检查与调整
2	1. 操作要求： ① 穿戴好劳保用品。 ② 汽车水平放置。 ③ 调整方法正确。 ④ 调整油平面符合技术要求	1. 操作要求： ① 穿戴好劳保用品。 ② 汽车水平放置。 ③ 调整方法正确。 ④ 调整油平面符合技术要求

续表

序号	字　　幕	解　　说　　词
3	2. 操作时限:5 min	2. 操作时限:5 min
4	3. 操作过程	3. 操作过程
5	(1)启动发动机	(1)启动发动机: ① 驾驶员准备好上车,开始计时。 ② 启动发动机。 ③ 保持发动机怠速运转
6	(2)调整顺序	(2)调整顺序: ① 正确选用工具。 ② 查看浮子室油平面高度。 ③ 在怠速状态下旋转油平面调整螺钉,使油平面符合技术要求。 ④ 加速时,油平面保持稳定
7	技术要求: 化油器浮子室油平面高度为观察窗1/2处	技术要求: 化油器浮子室油平面高度为观察窗1/2处
8		操作要点: ① 旋转调整螺钉时要注意观察油平面的变化。 ② 在调整过程中,当油平面过高时,顺时针转动调整螺钉,过低则逆时针转动调整螺钉。 ③ 调整后加速时,油平面应保持稳定
9	(3)调整结束	(3)调整结束

第二部分 中级汽车驾驶员操作项目

1. 直角倒库驾驶

序号	字　幕	解　说　词
1	中级汽车驾驶员操作项目： 直角倒库驾驶	中级汽车驾驶员操作项目： 直角倒库驾驶
2	1. 操作要求： ① 驾驶车辆平稳，停车时定位准确。 ② 操作过程中离合器不准半联动。 ③ 行驶过程中不准熄火。 ④ 不准原地转动方向盘。 ⑤ 行驶过程中不准压线、越线、碰杆。 ⑥ 安全文明驾驶。 ⑦ 如违章，将终止操作	1. 操作要求： ① 驾驶车辆平稳，停车时定位准确。 ② 操作过程中离合器不准半联动。 ③ 行驶过程中不准熄火。 ④ 不准原地转动方向盘。 ⑤ 行驶过程中不准压线、越线、碰杆。 ⑥ 安全文明驾驶。 ⑦ 如违章，将终止操作
3	2. 注意事项	2. 注意事项： ① 明确驾驶路线，如图所示。 ② 严格遵守驾驶路线
4	3. 操作时限：2 min	3. 操作时限：2 min
5	4. 操作过程	4. 操作过程
6	(1) 启动发动机	(1) 启动发动机： ① 驾驶员准备好上车。 ② 按操作规程一次启动发动机。 ③ 启动平稳。 ④ 稳定急速，监听发动机工作状况，查看仪表，符合起步要求
7	(2) 起步	(2) 起步： ① 检查车辆周围是否有行人及障碍物，校正后视镜。 ② 鸣号，平稳起步，开始计时

续表

序号	字　　幕	解　说　词
8	（3）驾驶操作 ① 车辆从起点线倒车入乙库。 ② 乙库驶出。 ③ 倒入甲库。 ④ 由甲库驶出	（3）驾驶操作： 1）车辆从起点线倒车入乙库： ① 车辆从起点线倒车。 ② 当行驶到后车窗右下角与乙库左前标杆重合时，开始右转方向。 ③ 以乙库后两标杆为标记调整方向倒入乙库。 2）乙库驶出： ① 驶出乙库时，当车尾端驶离乙库时左转方向。 ② 驶至停车线按规定距离停车。 3）倒入甲库： ① 倒车时左转方向。 ② 观察左后视镜出现左后轮与前中心标杆时，保持约0.15 m距离调整方向倒入甲库。 ③ 以甲库后两标杆为标记调整方向入库。 4）由甲库驶出： ① 当车尾端驶离甲库时迅速右转方向。 ② 按规定距离停车，将车摆正
9	（4）操作结束	（4）操作结束：关闭点火开关，拉紧手制动，驾驶操作结束

2. 侧向移库驾驶

序号	字　　幕	解　说　词
1	中级汽车驾驶员操作项目： 侧向移库驾驶	中级汽车驾驶员操作项目： 侧向移库驾驶
2	1. 操作要求： ① 驾驶车辆起步、行驶、停车平稳。 ② 操作过程中离合器不准半联动。 ③ 行驶过程中不准熄火。 ④ 原地不准转动方向盘。 ⑤ 行驶过程中不准压线、越线、碰杆。 ⑥ 安全文明操作。 ⑦ 如违章，将终止操作	1. 操作要求： ① 驾驶车辆起步、行驶、停车平稳。 ② 操作过程中离合器不准半联动。 ③ 行驶过程中不准熄火。 ④ 原地不准转动方向盘。 ⑤ 行驶过程中不准压线、越线、碰杆。 ⑥ 安全文明操作。 ⑦ 如违章，将终止操作

续表

序号	字幕	解说词
3	2.注意事项	2.注意事项： ① 明确驾驶路线，如图所示。 ② 严格遵守驾驶路线。 ③ 在移库过程中，车身的任何部位不准越线。 ④ 整个过程中不准压线、碰杆
4	3.操作时限：2 min	3.操作时限：2 min
5	4.操作过程	4.操作过程
6	(1)启动发动机	(1)启动发动机： ① 驾驶员准备好上车。 ② 按操作规程一次启动发动机。 ③ 启动平稳。 ④ 稳定急速，监听发动机工作状况，查看仪表，符合起步要求
7	(2)起步	(2)起步： ① 检查车辆周围是否有行人及障碍物，校正后视镜。 ② 鸣号，平稳起步，开始计时
8	(3)驾驶操作： ① 在甲库内经两进两退移入乙库。 ② 两进两退从乙库移入甲库	(3)驾驶操作： 1)在甲库内经两进两退移入乙库： ① 第一进起步后迅速右转方向，当车辆左前角与中心标杆对齐时迅速左转方向，停车前回转方向。 ② 第一倒时迅速右转方向，当车辆左后角与后中心标杆对齐时左转方向，停车前回转方向。 ③ 第二进时起步后迅速右转方向，当车辆左前角与左前标杆对齐时迅速左转方向，停车前回转方向。 ④ 第二倒时迅速右转方向，注意观察乙库后两标杆调整方向，将车辆在乙库中摆正。

续表

序号	字　幕	解　说　词
8	（3）驾驶操作： ① 在甲库内经两进两退移入乙库。 ② 两进两退从乙库移入甲库	2）两进两退从乙库移入甲库： ① 第一进起步后迅速左转方向，当车辆右前角与中心标杆对齐时迅速右转方向，停车前回转方向。 ② 第一倒时迅速左转方向，当车辆右后角与后中心标杆对齐时迅速右转方向，停车前回转方向。 ③ 第二进时起步后迅速左转方向，当车辆左前角与甲库左标杆对齐时迅速右转方向，停车前回转方向。 ④ 第二倒时迅速左转方向，注意观察甲库后两标杆，调整方向，将车辆在甲库中摆正
9	（4）操作结束	（4）操作结束： 关闭点火开关，拉紧手制动，驾驶操作结束

3. 限时公路调头

序号	字　幕	解　说　词
1	中级汽车驾驶员操作项目： 限时公路调头	中级汽车驾驶员操作项目： 限时公路调头
2	1. 操作要求： ① 驾驶车辆起步、行驶、停车平稳。 ② 操作过程中离合器不准半联动。 ③ 行驶过程中不准熄火。 ④ 不准原地转动方向盘。 ⑤ 行驶过程中不准压线、碰杆。 ⑥ 安全文明驾驶。 ⑦ 如违章，将终止操作	1. 操作要求： ① 驾驶车辆起步、行驶、停车平稳。 ② 操作过程中离合器不准半联动。 ③ 行驶过程中不准熄火。 ④ 不准原地转动方向盘。 ⑤ 行驶过程中不准压线、碰杆。 ⑥ 安全文明驾驶。 ⑦ 如违章，将终止操作
3	2. 注意事项	2. 注意事项： ① 明确驾驶路线，如图所示。 ② 严格遵守驾驶路线。 ③ 通过车辆三进两退完成公路调头。 ④ 调头过程中，车辆的前后车轮不准压线、越线

续表

序号	字 幕	解 说 词
4	3. 操作时限：2 min	3. 操作时限：2 min
5	4. 操作过程	4. 操作过程
6	(1) 启动发动机	(1) 启动发动机： ① 驾驶员准备好上车。 ② 按操作规程一次启动发动机。 ③ 启动平稳。 ④ 稳定怠速，监听发动机工作状况，查看仪表，符合起步要求
7	(2) 起步	(2) 起步： ① 检查车辆周围是否有行人及障碍物，校正后视镜。 ② 鸣号、开左转向灯示意，平稳起步，开始计时
8	(3) 驾驶操作	(3) 驾驶操作： ① 第一进：车辆沿着右侧边线前进；到达预定区域时迅速左转方向；在左前轮接近边线时迅速回转方向。 ② 第一倒：迅速右转方向；在后轮接近边线时迅速回转方向。 ③ 第二进：左转方向，在右前轮接近边线时迅速回转方向。 ④ 第二倒：右转方向，在左后轮接近边线时迅速回转方向。 ⑤ 第三进：车辆靠右侧边线行驶。 ⑥ 将车摆正
9	(4) 操作结束	(4) 操作结束： 关闭点火开关，拉紧手制动，驾驶操作结束

4. 分电器触点间隙的检查与调整

序号	字 幕	解 说 词
1	中级汽车驾驶员操作项目： 分电器触点间隙的检查与调整	中级汽车驾驶员操作项目： 分电器触点间隙的检查与调整

续表

序号	字　幕	解　说　词
2	1. 操作要求： ① 穿戴好劳保用品。 ② 调整分电器触点间隙的方法正确。 ③ 调整后分电器触点间隙符合技术标准。 ④ 安全文明操作。 ⑤ 如违章,将终止操作	1. 操作要求： ① 穿戴好劳保用品。 ② 调整分电器触点间隙的方法正确。 ③ 调整后分电器触点间隙符合技术标准。 ④ 安全文明操作。 ⑤ 如违章,将终止操作
3	2. 操作时限：10 min	2. 操作时限：10 min
4	3. 操作过程	3. 操作过程
5	(1) 检查	(1) 检查： ① 驾驶员准备好上车,开始计时。 ② 正确选取工具。 ③ 打开分电器盖并取下分火头。 ④ 摇转曲轴使分电器凸轮完全顶起活动触点臂,触点应无烧蚀、清洁平整。 ⑤ 用塞尺测量触点间隙。 ⑥ 摇转曲轴使触点闭合。 ⑦ 触点无偏斜、错位,中心互偏不超过20%。 ⑧ 触点厚度不小于0.5 mm
6	(2) 调整	(2) 调整： ① 摇转曲轴使分电器凸轮完全顶起断电器活动触点臂。 ② 将断电器固定螺钉松开。 ③ 转动调整螺钉调整触点间隙。 ④ 将固定螺钉旋紧。 ⑤ 用塞尺测量触点间隙应符合0.35~0.45 mm的标准
7	(3) 装复	(3) 装复： ① 装复分火头及分电器盖。 ② 插紧高压线。 ③ 将工具放回原处
8	技术要求：发动机能正常启动,运转正常	技术要求：发动机能正常启动,运转正常
9	(4) 检查与调整工作结束	(4) 检查与调整工作结束

5. 低压电路断路故障的诊断与排除

序号	字　幕	解　说　词
1	中级汽车驾驶员操作项目： 低压电路断路故障的诊断与排除（示例）	中级汽车驾驶员操作项目： 低压电路断路故障的诊断与排除
2	1. 操作要求： ① 穿戴好劳保用品。 ② 低压电路断路故障的原因判断正确。 ③ 排除低压电路断路故障的方法合理。 ④ 安全文明操作。 ⑤ 如违章，将终止操作	1. 操作要求： ① 穿戴好劳保用品。 ② 低压电路断路故障的原因判断正确。 ③ 排除低压电路断路故障的方法合理。 ④ 安全文明操作。 ⑤ 如违章，将终止操作
3	2. 操作时限：15 min	2. 操作时限：15 min
4	3. 操作过程	3. 操作过程
5	(1) 故障分析确认	(1) 故障分析确认： ① 驾驶员准备好上车，开始计时。 ② 启动发动机： a. 启动发动机时没有任何着火迹象。 b. 同时电流表无放电指示
6	(2) 故障检查排除	(2) 故障检查排除： ① 接通点火开关。 ② 正确选取工具。 ③ 进行中心高压线试火。 ④ 断电器触点有油污时，要进行擦拭。 ⑤ 摇转发动机曲轴。 ⑥ 用塞尺检查断电器触点间隙，如不符合标准，则进行调整。 ⑦ 将分电器低压线拆下，做划火试验。 ⑧ 无火时再检查分电器至点火开关之间的各个节点或线路。 ⑨ 再进行中央高压线试火。 ⑩ 装复，放回工具
7	技术要求： 发动机能正常启动、运转正常	技术要求： 发动机能正常启动、运转正常
8	(3) 故障排除结束	(3) 故障排除结束

6. 低压电路短路故障的诊断与排除

序号	字　幕	解　说　词
1	中级汽车驾驶员操作项目： 低压电路短路故障的诊断与排除（示例）	中级汽车驾驶员操作项目： 低压电路短路故障的诊断与排除
2	1. 操作要求： ① 穿戴好劳保用品。 ② 低压电路短路故障的原因判断正确。 ③ 排除低压电路短路故障的方法合理。 ④ 安全文明操作。 ⑤ 如违章,将终止操作	1. 操作要求： ① 穿戴好劳保用品。 ② 低压电路短路故障的原因判断正确。 ③ 排除低压电路短路故障的方法合理。 ④ 安全文明操作。 ⑤ 如违章,将终止操作
3	2. 操作时限:15 min	2. 操作时限:15 min
4	3. 操作过程	3. 操作过程
5	(1) 故障分析确认	(1) 故障分析确认： ① 驾驶员准备好上车,开始计时。 ② 启动发动机没有着火迹象。 ③ 电流表指示放电 5～6 A,无摆动现象
6	(2) 故障检查排除	(2) 故障检查排除： ① 打开点火开关。 ② 正确选取工具。 ③ 打开分电器盖,拔下中心高压线;在断电器触点闭合的状态下,用起子拨动断电器活动触点臂,进行高压试火试验。 ④ 如无火,可将分电器低压线拆下试火;在触点打开时,对低压线接线柱做划火试验;断电器、容电器工作正常,有火,则为断电器活动触点臂与低压线接柱之间有搭铁短路故障。 ⑤ 取下分电器低压线接柱绝缘体再试火。 ⑥ 无火,则低压线接柱绝缘体与分电器外壳有搭铁短路处。 ⑦ 清除短路异物。 ⑧ 装复绝缘体及低压线。 ⑨ 进行中央高压线试火时有高压火花跳过。 ⑩ 装复分火头、分电器盖、高压线

序号	字幕	解说词
7	技术要求： 发动机启动、运转正常	技术要求： 发动机启动、运转正常
8	（3）故障排除结束	（3）故障排除结束

7. 发动机无法启动高压电路故障的诊断与排除

序号	字幕	解说词
1	中级汽车驾驶员操作项目： 发动机无法启动高压电路故障的诊断与排除（示例）	中级汽车驾驶员操作项目： 发动机无法启动高压电路故障的诊断与排除
2	1.操作要求： ①穿戴好劳保用品。 ②高压电路故障的分析确认正确。 ③排除高压电路故障方法合理。 ④安全文明操作。 ⑤如违章，将终止操作	1.操作要求： ①穿戴好劳保用品。 ②高压电路故障的分析确认正确。 ③排除高压电路故障方法合理。 ④安全文明操作。 ⑤如违章，将终止操作
3	2.操作时限：10 min	2.操作时限：10 min
4	3.操作过程	3.操作过程
5	（1）故障分析确认	（1）故障分析确认： ①驾驶员准备好上车，开始计时。 ②启动发动机没有任何着火迹象。 ③电流表有放电指示
6	（2）故障检查排除	（2）故障检查排除： ①打开点火开关。 ②正确选取工具。 ③中央高压线试火正常，故障在分电器部分。 ④对分火头进行试火，当有高压火跳过为分火头击穿，更换分火头。 ⑤检查分电器盖、中心碳棒及弹簧，若损坏则应更换。 ⑥装复分电器盖。 ⑦对应插好高压线
7	技术要求： 发动机能正常启动、运转正常	技术要求： 发动机能正常启动、运转正常
8	（3）故障排除结束	（3）故障排除结束

8. 发动机点火时间过早故障的诊断与排除

序号	字　　　幕	解　　说　　词
1	中级汽车驾驶员操作项目： 发动机点火时间过早故障的诊断与排除（示例）	中级汽车驾驶员操作项目： 发动机点火时间过早故障的诊断与排除
2	1. 操作要求： ① 穿戴好劳保用品。 ② 判断发动机点火时间过早故障的原因准确。 ③ 排除发动机点火时间过早故障的方法正确。 ④ 安全文明操作。 ⑤ 如违章，将终止操作	1. 操作要求： ① 穿戴好劳保用品。 ② 判断发动机点火时间过早故障的原因准确。 ③ 排除发动机点火时间过早故障的方法正确。 ④ 安全文明操作。 ⑤ 如违章，将终止操作
3	2. 操作时限：10 min	2. 操作时限：10 min
4	3. 操作过程	3. 操作过程
5	（1）故障分析确认： 发动机点火过早，加速时有突爆敲缸声	（1）故障分析确认： ① 驾驶员准备好上车，开始计时。 ② 经过发动机启动、急加速，从发动机转速和声音的变化来确认发动机点火时间过早的故障
6	（2）故障排除 点火时间过早时应将分电器壳体按分火头旋转方向（顺时针）转动	（2）故障排除： ① 正确选取工具。 ② 将分电器盖打开，取下分火头。 ③ 摇转发动机曲轴，当分电器凸轮完全顶起活动触点臂时，选用 0.40 mm 塞尺检查触点间隙，如不符合要求则进行调整。 a. 将固定螺钉松开。 b. 旋转调整螺钉调整触点间隙。 c. 再用塞尺检查间隙，应符合 0.35～0.45 mm 的标准。 d. 将固定螺钉旋紧。 ④ 装复分火头和分电器盖。 ⑤ 重新启动发动机。 ⑥ 旋松分电器固定螺栓。 ⑦ 将分电器壳体按分火头旋转方向转动调整。 ⑧ 旋紧分电器固定螺栓。 ⑨ 通过加速试验，符合技术要求

续表

序号	字　幕	解　说　词
7	技术要求： 发动机急加速时突爆敲缸响声消失，运转正常	
8	（3）排除故障结束	（3）排除故障结束
9	4. 注意要点： ① 加速时，要注意倾听发动机的突爆声，以确认是发动机点火时间过早。 ② 用手摇柄摇转发动机时，可由现场工作人员协助进行。 ③ 调整分电器触点间隙时，要确保分电器凸轮完全顶起活动触点臂。 ④ 保证触点间隙为 0.35～0.45 mm	4. 注意要点： ① 加速时，要注意倾听发动机的突爆声，以确认是发动机点火时间过早。 ② 用手摇柄摇转发动机时，可由现场工作人员协助进行。 ③ 调整分电器触点间隙时，要确保分电器凸轮完全顶起活动触点臂。 ④ 保证触点间隙为 0.35～0.45 mm

9. 发动机点火时间过迟故障的诊断与排除

序号	字　幕	解　说　词
1	中级汽车驾驶员操作项目： 发动机点火时间过迟故障的诊断与排除（示例）	中级汽车驾驶员操作项目： 发动机点火时间过迟故障的诊断与排除
2	1. 操作要求： ① 穿戴好劳保用品。 ② 发动机点火时间过迟故障的原因判断准确。 ③ 排除发动机点火时间过迟故障的方法正确。 ④ 安全文明操作。 ⑤ 如违章，将终止操作	1. 操作要求： ① 穿戴好劳保用品。 ② 发动机点火时间过迟故障的原因判断准确。 ③ 排除发动机点火时间过迟故障的方法正确。 ④ 安全文明操作。 ⑤ 如违章，将终止操作
3	2. 操作时限：10 min	2. 操作时限：10 min
4	3. 操作过程	3. 操作过程

续表

序号	字幕	解说词
5	(1) 故障分析确认： 发动机点火过迟，加速时有迟滞现象，发动机声音发闷	(1) 故障分析确认： ① 驾驶员准备好上车，开始计时。 ② 启动发动机，经过发动机启动、急加速，从发动机转速和声音的变化来确认发动机点火时间过迟故障
6	(2) 故障排除	(2) 故障排除： ① 正确选取工具。 ② 将分电器盖打开，取下分火头。 ③ 摇转发动机，当分电器凸轮完全顶起活动触点臂时，选用 0.40 mm 塞尺检查触点间隙，如不符合要求进行调整。 　a. 将固定螺钉松开。 　b. 旋转调整螺钉，调整触点间隙。 　c. 再用塞尺检查间隙，应符合 0.35～0.45 mm 的标准。 　d. 将固定螺钉旋紧。 ④ 装复分电器盖和分火头。 ⑤ 重新启动发动机。 ⑥ 旋松分电器固定螺栓。 ⑦ 将分电器壳体按分火头旋转方向作逆向转动调整。 ⑧ 旋紧分电器固定螺栓。 ⑨ 通过加速试验，符合技术要求
7	技术要求： 发动机急加速时无迟滞现象，发闷声音消失，运转正常	
8	(3) 排除故障结束	(3) 排除故障结束
9	4. 注意要点： ① 加速时有迟滞现象，发动机声音发闷，确认为发动机点火时间过迟。 ② 用手摇柄摇转发动机时，可由现场工作人员协助进行。 ③ 调整分电器触点间隙时，要确保分电器凸轮完全顶起活动触点臂，使间隙为 0.35～0.45 mm	4. 注意要点： ① 加速时有迟滞现象，发动机声音发闷，确认为发动机点火时间过迟。 ② 用手摇柄摇转发动机时，可由现场工作人员协助进行。 ③ 调整分电器触点间隙时，要确保分电器凸轮完全顶起活动触点臂，使间隙为 0.35～0.45 mm

10. 发动机点火顺序错乱故障的诊断与排除

序号	字　　幕	解　说　词
1	中级汽车驾驶员操作项目： 发动机点火顺序错乱故障的诊断与排除（示例）	中级汽车驾驶员操作项目： 发动机点火顺序错乱故障的诊断与排除
2	1. 操作要求： ① 穿戴好劳保用品。 ② 正确分析点火顺序错乱的故障。 ③ 点火顺序错乱故障排除合理。 ④ 安全文明操作。 ⑤ 如违章，将终止操作	1. 操作要求： ① 穿戴好劳保用品。 ② 正确分析点火顺序错乱的故障。 ③ 点火顺序错乱故障排除合理。 ④ 安全文明操作。 ⑤ 如违章，将终止操作
3	2. 操作时限：10 min	2. 操作时限：10 min
4	3. 操作过程	3. 操作过程
5	（1）故障分析确认	（1）故障分析确认 ① 驾驶员准备好上车，开始计时。 ② 启动发动机，发动机启动后有严重的抖动现象。 ③ 不能在怠速工况下运转。 ④ 急加速时有回火、放炮现象
6	（2）故障检查排除	（2）故障检查排除： ① 关闭点火开关。 ② 按分火头旋转方向以 1—5—3—6—2—4 的点火顺序检查分缸线位置。 ③ 将错误缸线进行调换
7	技术要求： 发动机能顺利启动，加速、运转正常	技术要求： 发动机能顺利启动，加速、运转正常
8	（3）故障排除结束	（3）故障排除结束

11. 发动机个别汽缸不工作故障的诊断与排除

序号	字　　幕	解　说　词
1	中级汽车驾驶员操作项目： 发动机个别汽缸不工作故障的诊断与排除（示例）	中级汽车驾驶员操作项目： 发动机个别汽缸不工作故障的诊断与排除

续表

序号	字　　幕	解　说　词
2	1. 操作要求： ① 穿戴好劳保用品。 ② 故障原因判断正确。 ③ 故障排除方法合理。 ④ 安全文明操作。 ⑤ 如违章,将终止操作	1. 操作要求： ① 穿戴好劳保用品。 ② 故障原因判断正确。 ③ 故障排除方法合理。 ④ 安全文明操作。 ⑤ 如违章,将终止操作
3	2. 操作时限：15 min	2. 操作时限：15 min
4	3. 操作过程	3. 操作过程
5	(1) 故障分析确认	(1) 故障分析确认： ① 驾驶员准备好上车,开始计时。 ② 启动发动机,通过在急速工况时抖动、排气管有"突突"声、加速不良等现象来确认有个别汽缸不工作的故障
6	(2) 故障排除	(2) 故障排除： ① 保持发动机处于急速运转状态。 ② 正确选取工具。 ③ 将某一分缸线拔下进行声音判断：有变化为该缸工作正常,无变化则为该缸不工作。 ④ 以此类推,判断其他各缸工作情况。 ⑤ 将发动机熄火。 ⑥ 卸下不工作的火花塞进行检查,并通过调整使火花塞电极间隙达到 0.6～0.7 mm 的标准。 ⑦ 检验火花塞的工作情况。 ⑧ 将火花塞及高压线装复。 ⑨ 启动发动机,加速试验符合技术要求
7	技术要求： 　　故障排除后,发动机急速、加速运转正常	
8	(3) 排除故障结束	(3) 排除故障结束： 放回工具
9	4. 注意要点： 　　将某一分缸线拔下进行声音判断：有变化为该缸工作正常,无变化则为该缸不工作	4. 注意要点： 　　将某一分缸线拔下进行声音判断：有变化为该缸工作正常,无变化则为该缸不工作

第三部分 高级汽车驾驶员操作项目

1. 直角调头

序号	字幕	解说词
1	高级汽车驾驶员操作项目： 直角调头	高级汽车驾驶员操作项目： 直角调头
2	1. 操作要求： ① 行驶过程中离合器不准半联动。 ② 不准原地转动方向盘。 ③ 行驶过程中不准熄火。 ④ 行驶过程中车轮不许压线。 ⑤ 安全文明驾驶。 ⑥ 如违章，将终止操作	1. 操作要求： ① 行驶过程中离合器不准半联动。 ② 不准原地转动方向盘。 ③ 行驶过程中不准熄火。 ④ 行驶过程中车轮不许压线。 ⑤ 安全文明驾驶。 ⑥ 如违章，将终止操作
3	2. 注意事项	2. 注意事项： ① 明确驾驶路线，如图所示。 ② 严格遵守驾驶路线
4	3. 操作时限：2 min	3. 操作时限：2 min
5	4. 操作过程	4. 操作过程
6	(1) 启动发动机	(1) 启动发动机： ① 驾驶员准备好上车。 ② 按操作规程一次启动发动机。 ③ 启动平稳。 ④ 稳定怠速，监听发动机工作状况，查看仪表，符合起步要求
7	(2) 起步	(2) 起步： ① 检查车辆周围是否有行人及障碍物，校正后视镜。 ② 鸣号，从起步线开始平稳起步，开始计时

续表

序号	字　幕	解　说　词
8	(3) 驾驶操作： ① 第一次前进。 ② 第一次倒车。 ③ 第二次前进。 ④ 第二次倒车。 ⑤ 第三次前进	(3) 驾驶操作： ① 第一次前进，车辆由入口处进入圆形场地，当驾驶员位置进入入口时迅速左转方向，再迅速右转方向到极限；当前轮接近弧线时迅速向左回转方向，停车。 ② 第一次倒车，车辆起步后继续向左打方向；右后轮接近弧线时迅速向右回转方向，停车。 ③ 第二次前进，车辆起步时继续向右打方向，右前轮接近弧线时迅速向左回转方向，停车。 ④ 第二次倒车，车辆起步后继续向左打方向，右后轮接近弧线时迅速向右回转方向，停车。 ⑤ 第三次前进，右转方向到极限；当左前轮驶出出口时左转方向；保持右后轮与出口不压线距离，再向右回转方向驶出圆形场地。车辆驶出出口 2 m 以外停车
9	(4) 操作结束	(4) 操作结束： 关闭点火开关，拉紧手制动，驾驶操作结束

2. 车辆出库并进行公路调头

序号	字　幕	解　说　词
1	高级汽车驾驶员操作项目： 车辆出库并进行公路调头	高级汽车驾驶员操作项目： 车辆出库并进行公路调头
2	1. 操作要求： ① 行驶过程中离合器不准半联动。 ② 不准原地转动方向盘。 ③ 行驶过程中不准熄火。 ④ 出入库过程中，车辆任何部位不能越线。 ⑤ 安全文明驾驶。 ⑥ 如违章，将终止操作	1. 操作要求： ① 行驶过程中离合器不准半联动。 ② 不准原地转动方向盘。 ③ 行驶过程中不准熄火。 ④ 出入库过程中，车辆任何部位不能越线。 ⑤ 安全文明驾驶。 ⑥ 如违章，将终止操作

续表

序号	字　　幕	解　说　词
3	2. 注意事项	2. 注意事项： ① 明确驾驶路线，如图所示。 ② 车辆从甲库起步，驶出甲库后，经三进两退完成公路调头后倒入乙库
4	3. 操作时限：5 min	3. 操作时限：5 min
5	4. 操作过程	4. 操作过程
6	(1) 启动发动机	(1) 启动发动机： ① 驾驶员准备好上车。 ② 按操作规程一次启动发动机。 ③ 启动平稳。 ④ 稳定怠速，监听发动机工作状况，查看仪表，符合起步要求
7	(2) 起步	(2) 起步 ① 查看车辆周围是否有行人及障碍物，校正后视镜。 ② 鸣号、打开右转向灯示意，平稳起步，开始计时
8	(3) 驾驶操作	(3) 驾驶操作： ① 车辆从甲库驶出后靠近公路右侧调整方向。 ② 选择甲乙两库中间路段迅速左转方向到极限，在左前轮接近边线时再向右迅速回转方向。 ③ 第一次倒车：迅速右转方向到极限，在后轮接近边线时迅速向左回转方向。 ④ 第二次前进：迅速左转方向，在右前轮接近边线时再向右迅速回转方向。 ⑤ 第二次倒车：迅速右转方向，在左后轮接近边线时再向左迅速回转方向。 ⑥ 第三次前进：完成公路调头。 ⑦ 倒车入乙库：当行驶到车辆左侧与乙库前右标杆重合时左转方向，弧线倒车入乙库。 ⑧ 车辆后端距终止线 0.3 m 左右停车

续表

序号	字 幕	解 说 词
9	（4）操作结束	（4）操作结束： 关闭点火开关，拉紧手制动，驾驶操作结束

3. 侧向移库、曲线驾驶、定点停车

序号	字 幕	解 说 词
1	高级汽车驾驶员操作项目： 侧向移库、曲线驾驶、定点停车	高级汽车驾驶员操作项目： 侧向移库、曲线驾驶、定点停车
2	1. 操作要求： ① 行驶过程中离合器不准半联动。 ② 不准原地转动方向盘。 ③ 行驶中不许停车、熄火。 ④ 行驶过程中不准压线、碰杆。 ⑤ 安全文明驾驶。 ⑥ 如违章，将终止操作	1. 操作要求： ① 行驶过程中离合器不准半联动。 ② 不准原地转动方向盘。 ③ 行驶中不许停车、熄火。 ④ 行驶过程中不准压线、碰杆。 ⑤ 安全文明驾驶。 ⑥ 如违章，将终止操作
3	2. 注意事项	2. 注意事项： ① 明确驾驶路线，如图所示。 ② 按规定路线驾驶，先入库，后移库
4	3. 操作时限：5 min	3. 操作时限：5 min
5	4. 操作过程	4. 操作过程
6	（1）启动发动机	（1）启动发动机： ① 驾驶员准备好上车。 ② 按操作规程一次启动发动机。 ③ 启动平稳。 ④ 稳定怠速，监听发动机工作状况，查看仪表，符合起步要求
7	（2）起步	（2）起步： ① 查看车辆周围是否有行人及障碍物，校正后视镜。 ② 鸣号、从甲库位置的起点线平稳起步，开始计时

续表

序号	字　幕	解　说　词
8	（3）驾驶操作	（3）驾驶操作： 1）车辆经三进两退从甲库进入乙库。 2）乙库驶出，按规定路线穿越三组标杆曲线前进至停车线。 3）原路线倒车返回至终点线。 ① 鸣号，从车辆停车线处起步倒车，左转方向。 ② 当车辆右前角离开标杆时，继续左转方向。 ③ 保持右后视镜中车身与右标杆相距约0.15 m，调整方向。 ④ 当车辆左前角离开标杆时，继续右转方向。 ⑤ 保持左后视镜中车身与左标杆相距约0.15 m，调整方向。 ⑥ 当车辆右前角离开标杆时，再左转方向。 ⑦ 保持右后视镜中车身与标杆相距约0.15 m，调整方向进入乙库。 ⑧ 依据乙库后两标杆调整方向倒车。 ⑨ 出乙库，当车辆前端与停车线重合时，停车
9	（4）操作结束	（4）操作结束： 关闭点火开关，拉紧手制动，驾驶操作结束

4．转弯、上桥、定点停车

序号	字　幕	解　说　词
1	高级汽车驾驶员操作项目： 转弯、上桥、定点停车	高级汽车驾驶员操作项目： 转弯、上桥、定点停车
2	1．操作要求： ① 行驶过程中离合器不准半联动。 ② 不准原地转动方向盘。 ③ 行驶中发动机不许熄火。 ④ 过桥过程中车辆不准掉桥。 ⑤ 安全文明驾驶。 ⑥ 如违章，将终止操作	1．操作要求： ① 行驶过程中离合器不准半联动。 ② 不准原地转动方向盘。 ③ 行驶中发动机不许熄火。 ④ 过桥过程中车辆不准掉桥。 ⑤ 安全文明驾驶。 ⑥ 如违章，将终止操作

续表

序号	字　　幕	解　说　词
3	2. 注意事项	2. 注意事项： ① 明确驾驶路线，如图所示。 ② 按规定路线驾驶。 ③ 驾驶完毕后将车辆驶回起点线
4	3. 操作时限：1 min	3. 操作时限：1 min
5	4. 操作过程	4. 操作过程
6	(1) 启动发动机	(1) 启动发动机： ① 驾驶员准备好上车。 ② 按操作规程一次启动发动机。 ③ 启动平稳。 ④ 稳定怠速，监听发动机工作状况，查看仪表，符合起步要求
7	(2) 起步	(2) 起步： ① 检查车辆周围是否有行人及障碍物，校正后视镜。 ② 鸣号、开右转向灯示意，平稳起步，开始计时
8	(3) 驾驶操作	(3) 驾驶操作： ① 车辆起步后，当行驶到右后窗上角与右侧标杆重合时，迅速向右打方向。 ② 目视桥面，当车辆与桥面对正时调正方向平稳上桥。 ③ 在桥面停车，使前轮轴心线与中心停车线重合，前后误差为±0.1 m。 ④ 起步下桥并驶回起点线
9	(4) 操作结束	(4) 操作结束： 关闭点火开关，拉紧手制动，驾驶操作结束

5. 汽油发动机不来油故障的诊断与排除

序号	字　　幕	解　说　词
1	高级汽车驾驶员操作项目： 汽油发动机不来油故障的诊断与排除（示例）	高级汽车驾驶员操作项目： 汽油发动机不来油故障的诊断与排除

续表

序号	字 幕	解 说 词
2	1. 操作要求： ① 穿戴好劳保用品。 ② 正确分析汽油发动机不来油的故障。 ③ 汽油发动机不来油故障部位排除合理。 ④ 安全文明操作。 ⑤ 如违章,将终止操作	1. 操作要求： ① 穿戴好劳保用品。 ② 正确分析汽油发动机不来油的故障。 ③ 汽油发动机不来油故障部位排除合理。 ④ 安全文明操作。 ⑤ 如违章,将终止操作
3	2. 操作时限：10 min	2. 操作时限：10 min
4	3. 操作过程	3. 操作过程
5	(1) 故障分析确认	(1) 故障分析确认： ① 驾驶员准备好上车,开始计时。 ② 启动发动机。 ③ 发动机无着火迹象
6	(2) 故障检查排除	(2) 故障检查排除： ① 关闭点火开关。 ② 正确选取工具。 ③ 观察化油器浮子室内无燃油。 ④ 将化油器进油管卸下,放置在棉纱上。 ⑤ 再卸下接头,检查滤网有无堵塞并进行装复。 ⑥ 拉动汽油泵手摇臂进行泵油,油管出油为进油口滤网堵塞,不出油则为其他故障。 ⑦ 在油箱有燃油、开关打开、油路畅通、汽油泵工作正常的前提下,将汽油泵出油管卸下,泵油;若无油则卸下出油管接头;再泵油,出油口有油时,则接头有堵塞;对堵塞的接头进行疏通,然后装复。 ⑧ 泵油,当化油器进油管接头出油时,装复油管。 ⑨ 用手泵油,使油面符合要求。 ⑩ 放回工具
7	技术要求： ① 拆卸油管和泵油时要用纱布接住油管口,防止燃油溅出引起燃烧。 ② 启动发动机后怠速及加速正常运转	技术要求： ① 拆卸油管和泵油时要用纱布接住油管口,防止燃油溅出引起燃烧。 ② 启动发动机后怠速及加速正常运转

续表

序号	字　　幕	解　说　词
8	（3）故障排除结束	（3）故障排除结束

6. 发动机混合气过稀导致怠速不良故障的诊断与排除

序号	字　　幕	解　说　词
1	高级汽车驾驶员操作项目： 发动机混合气过稀导致怠速不良故障的诊断与排除（示例）	高级汽车驾驶员操作项目： 发动机混合气过稀导致怠速不良故障的诊断与排除
2	1. 操作要求： ① 穿戴好劳保用品。 ② 正确判断发动机混合气过稀故障的原因。 ③ 正确排除发动机混合气过稀的故障。 ④ 安全文明操作。 ⑤ 如违章,将终止操作	1. 操作要求： ① 穿戴好劳保用品。 ② 正确判断发动机混合气过稀故障的原因。 ③ 正确排除发动机混合气过稀的故障。 ④ 安全文明操作。 ⑤ 如违章,将终止操作
3	2. 操作时限：15 min	2. 操作时限：15 min
4	3. 操作过程	3. 操作过程
5	（1）故障分析确认	（1）故障分析确认： ① 驾驶员准备好上车,开始计时。 ② 能启动发动机。 ③ 不能正常加速。 ④ 进气系统有进气声响。 ⑤ 伴有化油器回火现象。 ⑥ 发动机无法在怠速工况下正常运转
6	（2）故障检查排除	（2）故障检查排除： ① 正确选取工具。 ② 旋紧化油器底座固定螺母,排除密封垫处漏气故障。 ③ 当密封垫损坏时,要予以更换。 ④ 启动发动机。 ⑤ 将油平面调整到与浮子室观察窗1/2处。 ⑥ 放回工具

续表

序号	字　幕	解　说　词
7	技术要求： ① 化油器浮子室油面高度与油面观察窗标志点平齐。 ② 发动机能正常启动、正常运转	技术要求： ① 化油器浮子室油面高度与油面观察窗标志点平齐。 ② 发动机能正常启动、正常运转
8	（3）故障排除结束	（3）故障排除结束

7. 汽车发动机气门异响的判断

序号	字　幕	解　说　词
1	高级汽车驾驶员操作项目： 汽车发动机气门异响的判断	高级汽车驾驶员操作项目： 汽车发动机气门异响的判断
2	1. 操作要求： ① 穿戴好劳保用品。 ② 发动机气门异响的部位判断正确。 ③ 安全文明操作。 ④ 如违章,将终止操作	1. 操作要求： ① 穿戴好劳保用品。 ② 发动机气门异响的部位判断正确。 ③ 安全文明操作。 ④ 如违章,将终止操作
3	2. 操作时限：10 min	2. 操作时限：10 min
4	3. 操作过程	3. 操作过程
5	（1）故障分析确认	（1）故障分析确认： ① 驾驶员准备好上车,开始计时。 ② 启动发动机,急速时,发出有节奏的"哒哒哒"金属敲击声。 ③ 发动机转速增高,响声随之增大
6	（2）故障部位判断	（2）故障部位判断： ① 正确选取工具。 ② 在急速状态下,通过对前、后气门室盖监听判断气门异响的前后位置。 ③ 当前、后气门室盖内都有异响时,则应对异响部位进行反复听诊确认。 ④ 再通过在进、排气歧管部位的反复听诊,判断出异响是由排气门还是进气门发出的
7	技术要求： 确认某缸并具体到进、排气门	技术要求： 确认某缸并具体到进、排气门
8	（3）故障诊断结束	（3）故障诊断结束

第四部分　汽车驾驶技师操作项目

1."蝶形"倒车移库驾驶

序号	字　　幕	解　说　词
1	汽车驾驶技师操作项目："蝶形"倒车移库驾驶	汽车驾驶技师操作项目："蝶形"倒车移库驾驶
2	1. 操作要求： ① 行驶过程中离合器不准半联动。 ② 不准原地转动方向盘。 ③ 行驶中不准停车,不准熄火。 ④ 行驶过程中不准压线、碰杆。 ⑤ 安全文明驾驶。 ⑥ 如违章,将终止操作	1. 操作要求： ① 行驶过程中离合器不准半联动。 ② 不准原地转动方向盘。 ③ 行驶中不准停车,不准熄火。 ④ 行驶过程中不准压线、碰杆。 ⑤ 安全文明驾驶。 ⑥ 如违章,将终止操作
3	2. 注意事项	2. 注意事项： 明确驾驶路线,如图所示
4	3. 操作时限:4 min	3. 操作时限:4 min
5	4. 操作过程	4. 操作过程
6	(1) 启动发动机	(1) 启动发动机： ① 驾驶员准备好上车。 ② 按操作规程一次启动发动机。 ③ 启动平稳。 ④ 稳定怠速,监听发动机工作状况,查看仪表,符合起步要求
7	(2) 起步	(2) 起步： ① 检查车辆周围是否有行人及障碍物,校正后视镜。 ② 鸣号、打开右转向灯示意,平稳起步,开始计时

续表

序号	字　　幕	解　说　词
8	（3）驾驶操作	（3）驾驶操作： ① 车辆从起点线倒车，当行驶到后车窗右侧 1/3 处与中心标杆重合时，向右打方向，使车尾从乙库两前标杆中心进入；以乙库两后标杆调整方向，停车。 ② 经两进两退从乙库移入甲库，将车辆摆正；由甲库经乙库驶出；当车辆驶离标杆时开始左转方向，驶至停车线停车。 ③ 倒车入甲库，使车尾从甲库两前标杆中心进入；以甲库两后标杆调整方向，停车。 ④ 由甲库驶出；当车辆驶离标杆时右转方向；驶至终点线停车
9	（4）操作结束	（4）操作结束： 关闭点火开关，拉紧手制动，驾驶操作结束

2. 侧向移库、桥式倒车

序号	字　　幕	解　说　词
1	汽车驾驶技师操作项目： 侧向移库、桥式倒车	汽车驾驶技师操作项目： 侧向移库、桥式倒车
2	1. 操作要求： ① 行驶过程中离合器不准半联动。 ② 不准原地转动方向盘。 ③ 行驶中发动机不得熄火。 ④ 车辆过桥时要从桥面中心通过。 ⑤ 安全文明驾驶 ⑥ 如违章，将终止操作	1. 操作要求： ① 行驶过程中离合器不准半联动。 ② 不准原地转动方向盘。 ③ 行驶中发动机不得熄火。 ④ 车辆过桥时要从桥面中心通过。 ⑤ 安全文明驾驶 ⑥ 如违章，将终止操作
3	2. 注意事项	2. 注意事项： ① 明确驾驶路线，如图所示。 ② 按规定路线驾驶
4	3. 操作时限：8 min	3. 操作时限：8 min
5	4. 驾驶操作	4. 驾驶操作

续表

序号	字幕	解说词
6	(1) 启动发动机	(1) 启动发动机： ① 驾驶员准备好上车。 ② 按操作规程一次启动发动机。 ③ 启动平稳。 ④ 稳定怠速，监听发动机工作状况，查看仪表，符合起步要求
7	(2) 起步	(2) 起步： ① 检查车辆周围是否有行人及障碍物，校正后视镜。 ② 鸣号、打开左转向灯示意，平稳起步，开始计时
8	(3) 驾驶操作： ① 三进两退从甲库移入乙库。 ② 从乙库驶出，经过桥面。 ③ 驶向丙库。 ④ 由丙库向桥面倒车。 ⑤ 从桥面经过乙库倒出	(3) 驾驶操作： 1) 三进两退从甲库移入乙库： ① 起步后在车辆完全进入甲库后左转方向，开始移库；通过两进两退，移入乙库。 ② 车辆移入乙库停车时要将车辆摆正。 2) 从乙库驶出，经过桥面： ① 驶出乙库时，当前窗后沿与右标杆重合时右转方向。 ② 当车头对准桥面时左转方向。 ③ 从桥面中心通过。 3) 驶向丙库： ① 当左后轮驶离左桥面时左转方向。 ② 进入丙库。 4) 由丙库向桥面倒车： ① 鸣号，从丙库开始倒车。 ② 当车辆左前角离开丙库左标杆时右转方向到极限。 ③ 当左后门窗下沿从前往后 1/3 处与桥面左标杆重合时左转方向；当车尾对准桥面时回转方向，从桥面中心通过。 5) 从桥面经过乙库倒出：

续表

序号	字　　幕	解　说　词
8	(3) 驾驶操作： ① 三进两退从甲库移入乙库。 ② 从乙库驶出，经过桥面。 ③ 驶向丙库。 ④ 由丙库向桥面倒车。 ⑤ 从桥面经过乙库倒出	① 当前窗下沿中心向右 0.2 m 处与桥面右标杆重合时，右前轮离开桥面开始左转方向。 ② 右侧后窗右上角与甲库右标杆重合时右转方向。 ③ 以乙库后两标杆调整方向。 ④ 倒出乙库至终点线停车
9	(4) 操作结束	(4) 操作结束： 关闭点火开关，拉紧手制动，驾驶操作结束

3. 离合器发抖故障分析及调整

序号	字　　幕	解　说　词
1	汽车驾驶技师操作项目： 离合器发抖故障分析及调整（示例）	汽车驾驶技师操作项目： 离合器发抖故障分析及调整
2	1. 操作要求： ① 穿戴好劳保用品。 ② 离合器发抖故障的原因分析正确。 ③ 安全文明操作。 ④ 如违章，将终止操作	1. 操作要求： ① 穿戴好劳保用品。 ② 离合器发抖故障的原因分析正确。 ③ 安全文明操作。 ④ 如违章，将终止操作
3	2. 操作时限：10 min	2. 操作时限：10 min
4	3. 操作分析过程	3. 操作分析过程
5	(1) 故障分析确认	(1) 故障分析确认： ① 驾驶员准备好上车，开始计时。 ② 启动发动机。 ③ 汽车起步，离合器传递动力时出现震抖现象

续表

序号	字　　幕	解　说　词
6	（2）故障部位分析及调整	（2）故障部位分析及调整： ① 正确选取工具。 ② 检查离合器踏板自由行程是否过小。 ③ 可通过调整拉杆进行调整，踏板自由行程过小，将调整螺母向外旋出，反之则向里旋进。 ④ 踏板自由行程的标准值为30～40 mm。 ⑤ 离合器压盘分离杠杆内端面要在同一平面内；调整时各分离杠杆高度差不大于0.25 mm。 ⑥ 发动机支架固定螺栓不能松动。 ⑦ 离合器压盘弹簧弹力不足或有折断损坏，应更换。 ⑧ 离合器压盘翘曲变形，应更换。 ⑨ 离合器摩擦片翘曲变形，应更换。 ⑩ 摩擦片破裂，铆钉松动、硬化，应更换
7	技术要求： ① 离合器踏板自由行程为30～40 mm。 ② 各分离杠杆高度差：不大于0.25 mm。 ③ 排除离合器发抖故障后，动力传递正常	技术要求： ① 离合器踏板自由行程为30～40 mm。 ② 各分离杠杆高度差不大于0.25 mm。 ③ 排除离合器发抖故障后，动力传递正常
8	（3）故障排除结束	（3）故障排除结束： 放回工具

4. 传动轴发抖故障分析

序号	字　　幕	解　说　词
1	汽车驾驶技师操作项目： 传动轴发抖故障分析（示例）	汽车驾驶技师操作项目： 传动轴发抖故障分析
2	1. 操作要求： ① 穿戴好劳保用品。 ② 正确分析传动轴发抖故障的原因。 ③ 安全文明操作。 ④ 如违章，将终止操作	1. 操作要求： ① 穿戴好劳保用品。 ② 正确分析传动轴发抖故障的原因。 ③ 安全文明操作。 ④ 如违章，将终止操作

续表

序号	字　幕	解　说　词
3	2. 操作时限:10 min	2. 操作时限:10 min
4	3. 操作过程	3. 操作过程
5	(1)故障分析确认	(1)故障分析确认: ① 驾驶员准备好上车,开始计时。 ② 启动发动机。 ③ 汽车行驶过程中,传动轴动力传递时出现震抖现象
6	(2)故障部位分析	(2)故障部位分析: ① 正确使用工具。 ② 传动轴弯曲变形;传动轴两端的万向节传动叉不在同一个平面中。 ③ 传动轴各处连接部位的紧固螺栓松动。 ④ 传动轴的花键齿与花键槽配合间隙松旷,不符合标准。 ⑤ 十字轴与轴承的配合间隙大于 0.25 mm。 ⑥ 传动轴中间支撑轴承松旷。 ⑦ 传动轴动平衡误差大
7	技术标准及要求: ① 传动轴花键齿与传动轴花键槽配合间隙不大于 0.8 mm。 ② 十字轴与轴承的配合间隙不大于 0.25 mm	技术标准及要求: ① 传动轴花键齿与传动轴花键槽配合间隙不大于 0.8 mm。 ② 十字轴与轴承的配合间隙不大于 0.25 mm
8	(3)故障分析结束	(3)故障分析结束: 放回工具

5. 前轮跑偏故障分析

序号	字　幕	解　说　词
1	汽车驾驶技师操作项目: 前轮跑偏故障分析(常见)	汽车驾驶技师操作项目: 前轮跑偏故障分析
2	1. 操作要求: ① 穿戴好劳保用品。 ② 正确分析前轮跑偏故障的原因。 ③ 安全文明操作。 ④ 如违章,将终止操作	1. 操作要求: ① 穿戴好劳保用品。 ② 正确分析前轮跑偏故障的原因。 ③ 安全文明操作。 ④ 如违章,将终止操作

续表

序号	字　　幕	解　说　词
3	2. 操作时限:10 min	2. 操作时限:10 min
4	3. 操作过程	3. 操作过程
5	(1) 故障分析确认	(1) 故障分析确认: ① 驾驶员准备好上车,开始计时。 ② 启动发动机。 ③ 汽车起步驾驶时,放松方向盘后出现汽车自行跑偏现象
6	(2) 故障部位分析	(2) 故障部位分析: ① 两前轮轮胎气压不一致。 ② 两前轮轮胎磨损相差较多。 ③ 两边前钢板弹簧弹力不一致。 ④ 前轮有一边制动回位滞后,可检查制动蹄片与制动鼓间隙。 ⑤ 前轮有一边轮毂轴承装配过紧。 ⑥ 前钢板弹簧 U 形螺栓松动
7	技术要求: ① 前轮胎气压为 490 kPa。 ② 制动蹄片与制动鼓间隙:制动凸轮端 0.4～0.7 mm,支撑销端 0.2～0.5 mm。 ③ 汽车行驶时,放松方向盘,汽车无跑偏现象	技术要求: ① 前轮胎气压为 490 kPa。 ② 制动蹄片与制动鼓间隙:制动凸轮端 0.4～0.7 mm,支撑销端 0.2～0.5 mm。 ③ 汽车行驶时,放松方向盘,汽车无跑偏现象
8	(3) 故障分析结束	(3) 故障分析结束

6. 启动系控制电路造成启动机不运转故障的判断与排除

序号	字　　幕	解　说　词
1	汽车驾驶技师操作项目: 启动系控制电路造成启动机不运转故障的判断与排除(示例)	汽车驾驶技师操作项目: 启动系控制电路造成启动机不运转故障的判断与排除

续表

序号	字　　　幕	解　　说　　词
2	1. 操作要求： ① 穿戴好劳保用品。 ② 故障原因判断准确。 ③ 故障排除方法正确。 ④ 安全文明操作。 ⑤ 如违章,将终止操作。	1. 操作要求： ① 穿戴好劳保用品。 ② 故障原因判断准确。 ③ 故障排除方法正确。 ② 安全文明操作。 ⑤ 如违章,将终止操作
3	2. 操作时限:10 min	2. 操作时限:10 min
4	3. 操作过程	3. 操作过程
5	(1) 故障分析确认	(1) 故障分析确认： ① 驾驶员准备好上车,开始计时。 ② 启动发动机时,启动机不转动
6	(2) 故障排除： ① 确定启动机是否正常。 ② 检查启动机组合继电器是否正常。 ③ 确定启动机组合继电器至点火开关的线路是否正常	(2) 故障排除： 第一,关闭点火开关。 第二,正确选取工具。 1) 首先确定启动机是否正常： 可用带夹试线将启动机组合继电器上的火线接柱(B)与启动机开关接柱(S)进行连接,启动机如能运转,则说明启动机正常。 2) 然后检查启动组合继电器是否正常： ① 用带夹试线将继电器上的火线接柱(B)与点火开关火线接柱(SW)连接。 ② 若继电器无吸合声音,同时用带夹试线将继电器(L)端接线柱与继电器座搭铁。 ③ 如仍无吸合声音,说明继电器常开触点电磁线圈断路或烧毁,应更换启动机组合继电器。 如有吸合声音,则是常闭触点有脏污或烧蚀,应进行擦拭。 ④ 用带夹试线连接继电器上的火线接柱(B)与点火开关接柱(SW),若继电器有吸合声,启动机仍然不转动,则说明继电器的常开触点有故障。 ⑤ 将继电器盖打开,检查常开触点和常闭触点的工作情况,用细砂纸对烧蚀或脏污触点进行打磨并用干净的纸片擦拭。

续表

序号	字　幕	解　说　词
6	（2）故障排除： ① 确定启动机是否正常。 ② 检查启动机组合继电器是否正常。 ③ 确定启动机组合继电器至点火开关的线路是否正常	3）最后确定启动机组合继电器至点火开关的线路是否正常： ① 用带夹试线连接继电器火线接柱（B）与点火开关接柱（SW），若继电器有吸合声，且启动机运转正常，则说明继电器正常，而继电器（SW）接柱至点火开关线路不通，应检查线路。 ② 将继电器盖装复。 ③ 关闭点火开关。 ④ 将点火开关卸下，用试灯连接点火开关火线接柱"1"，试灯亮说明线路正常。 ⑤ 在确定点火开关工作正常的情况下再用带夹试线将点火开关火线"1"与启动线接柱的启动线"4"进行连接。 ⑥ 若继电器无吸合声音，则说明点火开关接柱"4"至继电器接柱（SW）之间的连线有断路故障，可对该导线进行检查，装复点火开关，再做启动试验。 ⑦ 若仍不能启动，则对该导线进行更换
7	技术要求： 发动机能够正常启动	技术要求： 发动机能够正常启动
8	（3）故障排除结束	（3）故障排除结束： 放回工具
9	4．注意要点	4．注意要点： ① 用带夹试线短路法进行检查时，必须将点火开关置于关闭状态。 ② 检查点火开关电源火线时必须使用试灯，不可直接搭铁试火

7．充电系控制电路造成不充电故障的判断与排除

序号	字　幕	解　说　词
1	汽车驾驶技师操作项目： 充电系控制电路造成不充电故障的判断与排除（示例）	汽车驾驶技师操作项目： 充电系控制电路造成不充电故障的判断与排除

续表

序号	字　　幕	解　说　词
2	1. 操作要求： ① 穿戴好劳保用品。 ② 故障原因判断准确。 ③ 故障排除方法正确。 ④ 安全文明操作。 ⑤ 如违章,将终止操作	1. 操作要求： ① 穿戴好劳保用品。 ② 故障原因判断准确。 ③ 故障排除方法正确。 ④ 安全文明操作。 ⑤ 如违章,将终止操作
3	2. 操作时限:10 min	2. 操作时限:10 min
4	3. 操作过程	3. 操作过程
5	(1) 故障分析确认	(1) 故障分析确认： ① 驾驶员准备好上车,开始计时。 ② 启动发动机,观察仪表,电流表无充电指示。 ③ 当发动机中速运转时,电流表仍无充电指示
6	(2) 故障排除： ① 检查发电机和调节器之间导线的连接情况。 ② 检查点火开关至调节器之间线路情况。 ③ 检查调节器的"F"端子接线是否有电	(2) 故障排除： 1) 检查发电机和调节器之间导线的连接情况： ① 将发动机熄火。 ② 正确选取工具。 ③ 观察发电机的连线,看有无脱落。 ④ 观察调节器的连线,看有无脱落。 2) 检查点火开关至调节器之间线路情况： ① 打开点火开关。 ② 用试灯检测晶体管调节器"＋"接线端子是否有电,试灯亮则说明线路正常;若试灯不亮则说明点火开关至调节器之间线路有断路故障,应进行排除。 a. 用试灯检查调节器"＋"端子接线。 b. 用试灯检查点火开关"2"端子接线。 c. 再用试灯检查调节器"＋"接柱,试灯亮表示线路正常;试灯不亮,则检查调节器的保险丝;将接通好的保险丝进行装复。

续表

序号	字幕	解说词
6	（2）故障排除： ① 检查发电机和调节器之间导线的连接情况。 ② 检查点火开关至调节器之间线路情况。 ③ 检查调节器的"F"端子接线是否有电	3) 检查调节器的"F"端子接线是否有电： ① 拆下"F"端子接线接试灯。 ② 试灯亮则说明线路正常。 ③ 试灯不亮，说明发电机"F"端子与调节器"F"端子之间的连接导线有断路处。 ④ 应用试灯检测发电机"F"接线端子是否有电： a. 检查发电机"F"端子接线；检测发电机"F"接线端子是否有电；若试灯亮时，说明磁场线圈及电刷正常；试灯不亮，说明发电机磁场线圈或电刷出现断路。 b. 检查调节器"F"端子接线。 c. 再用试灯检查调节器的"F"端子；试灯亮表示线路正常
7	技术要求： 启动发动机，观察电流表，充电正常	技术要求： 启动发动机，观察电流表，充电正常
8	（3）故障排除结束	（3）故障排除结束： 放回工具
9	4. 注意要点： ① 不允许在发动机运转状态下，拆装发电机电枢的连接导线。 ② 在发动机运转时，不能用"试火"的方法来检查发电机是否发电	4. 注意要点： ① 不允许在发动机运转状态下，拆装发电机电枢的连接导线。 ② 在发动机运转时，不能用"试火"的方法来检查发电机是否发电